José Hernández

EL GAUCHO MARTIN FIERRO

1

Aquí me pongo a cantar
Al compás de la vigüela,
Que el hombre que lo desvela
Una pena extraordinaria
Como la ave solitaria
Con el cantar se consuela.

2

Pido a los Santos del Cielo
Que ayuden mi pensamiento;
Les pido en este momento
Que voy a cantar mi historia
Me refresquen la memoria
Y aclaren mi entendimiento.

3

Vengan Santos milagrosos,
Vengan todos en mi ayuda,
Que la lengua se me añuda
Y se me turba la vista;
Pido a Dios que me asista
En una ocasión tan ruda.

4

Yo he visto muchos cantores,
Con famas bien obtenidas,
Y que después de adquiridas
No las quieren sustentar:
Parece que sin largar
Se cansaron en partidas.

5

Mas ande otro criollo pasa

Martín fierro ha de pasar,
Nada la hace recular
Ni las fantasmas lo espantan;
Y dende que todos cantan
Yo también quiero cantar.

6

Cantando me he de morir
Cantando me han de enterrar,
Y cantando he de llegar
Al pie del eterno padre:
Dende el vientre de mi madre
Vine a este mundo a cantar.

7

Que no se trabe mi lengua
Ni me falte la palabra:
El cantar mi gloria labra
Y poniéndome a cantar,
Cantando me han de encontrar
Aunque la tierra se abra.

8

Me siento en el plan de un bajo
A cantar un argumento:
Como si soplara el viento
Hago tiritar los pastos;
Con oros, copas y bastos
Juega allí mi pensamiento.

9

Yo no soy cantor letrao,
Mas si me pongo a cantar
No tengo cuándo acabar
Y me envejezco cantando:

Las coplas me van brotando
Como agua de manantial.

10
Con la guitarra en la mano
Ni las moscas se me arriman,
Naides me pone el pie encima,
Y cuando el pecho se entona,
Hago gemir a la prima
Y llorar a la bordona.

11
Yo soy toro en mi rodeo
Y torazo en rodeo ajeno;
Siempre me tuve por güeno
Y si me quieren probar,
Salgan otros a cantar
Y veremos quién es menos

12
No me hago al lao de la güeya
Aunque vengan degollando,
Con los blandos yo soy blando
Y soy duro con los duros,
Y ninguno en un apuro
Me ha visto andar titubeando.

13
En el peligro, !qué Cristos!
El corazón se me enancha,
Pues toda la tierra es cancha,
Y de eso naides se asombre:
El que se tiene por hombre
Ande quiere hace pata ancha.

14
Soy gaucho, y entiendaló
Como mi lengua lo explica:
Para mi la tierra es chica
Y pudiera ser mayor;
Ni la víbora me pica
Ni quema mi frente el sol.

15
Nací como nace el peje
En el fondo de la mar;
Naides me puede quitar
Aquello que Dios me dió
Lo que al mundo truje yo
Del mundo lo he de llevar.

16
Mi gloria es vivir tan libre
Como el pájaro del cielo:
No hago nido en este suelo
Ande hay tanto que sufrir,
Y naides me ha de seguir
Cuando yo remuento el vuelo.

17
Yo no tengo en el amor
Quien me venga con querellas;
Como esas aves tan bellas
Que saltan de rama en rama,
Yo hago en el trébol mi cama,
Y me cubren las estrellas.

18
Y sepan cuantos escuchan
De mis penas el relato,

Que nunca peleo ni mato
Sino por necesidá,
Y que a tanta alversidá
Solo me arrojó el mal trato

19
Y atiendan la relación
Que hace un gaucho perseguido,
Que padre y marido ha sido
Empeñoso y diligente,
Y sin embargo la gente
Lo tiene por un bandido.

II

20
Ninguno me hable de penas,
Porque yo penado vivo,
Y naides se muestre altivo
Aunque en el estribo esté:
Que suele quedarse a pie
El gaucho mas alvertido.

21
Junta esperencia en la vida
Hasta pa dar y prestar
Quien la tiene que pasar
Entre sufrimiento y llanto,
Porque nada enseña tanto
Como el sufrir y el llorar.

22
Viene el hombre ciego al mundo,
Cuartiandolo la esperanza,
Y a poco andar ya lo alcanzan

Las desgracias a empujones,
! La pucha, que trae liciones
El tiempo con sus mudanzas!

23

Yo he conocido esta tierra
En que el paisano vivía
Y su ranchito tenía
Y sus hijos y mujer...
Era una delicia el ver
Como pasaba sus días.

24

Entonces... cuando el lucero
Brillaba en el cielo santo,
Y los gallos con su canto
Nos decian que el día llegaba,
A la cocina runbiaba
El gaucho... que un encanto.

25

Y sentao junto al jogón
A esperar que venga el día,
Al cimarrón le prendía
Hasta ponerse rechoncho,
Mientras su china dormía
Tapadita con su poncho.

26

Y apenas la madrugada
Empesaba coloriar,
Los pájaros a cantar,
Y las gallinas a apiarse,
Era cosa de largarse
Cada cual a trabajar.

27
Este se ata las espuelas,
Se sale el otro cantando,
Uno busca un péllon blando,
Este un lazo, otro un rebenque,
Y los pingos relinchando
Los llaman dende el palenque.

28
El que era pion domador
Enderezaba al corral,
Ande estaba el animal
Bufidos que se las pela ...
Y mas malo que su agüela,
Se hacia astillas el bagual.

29
Y alli el gaucho inteligente,
En cuanto el potro enriendó,
Los cueros le acomodó
Y se le sentó en seguida,
Que el hombre muestra en la vida
La astucia que Dios le dió.

30
Y en las playas corcoviando
Pedazos se hacía el sotreta
Mientras él por las paletas
Le jugaba las lloronas,
Y al ruido de las caronas
Salía haciendo gambetas.

31
!Ah,tiempos!... !Si era un orgullo

Ver jinetear un paisano!
Cuando era gaucho baquiano,
Aunque el potro se boliase,
No había uno que no parese
Con el cabresto en la mano.

32
Y mientras domaban unos,
Otros al campo salían
Y la hacienda recogían,
Las manadas repuntaban,
Y ansí sin sentir pasaban
Entretenidos el día.

33
Y verlos al cair la tarde
En la cocina riunidos,
Con el juego bien prendido
Y mil cosas que contar,
Platicar muy divertidos
Hasta después de cenar.

34
Y con el buche bien lleno
Era cosa superior
Irse en brazos del amor
A dormir como la gente,
Pa empezar el día siguiente
Las fainas del día anterior.

35
Ricuerdo !qué maravilla!
Cómo andaba la gauchada
Siempre alegre y bien montada
Y dispuesta pa el trabajo...

Pero hoy en día...!barajo!
No se la ve de aporriada.

36
El gaucho más infeliz
Tenía tropilla de un pelo,
No le faltaba un consuelo
Y andaba la gente lista...
Teniendo al campo la vista,
Solo vía hacienda y cielo.

37
Cuando llegaban las yerras,
!Cosa que daba calor!
Tanto gaucho pialador
Y tironiador sin yel.
!Ah, tiempos... pero si en él
Se ha visto tanto primor!

38
Aquello no era trabajo,
Mas bien era una junción,
Y después de un güen tirón
En que uno se daba mana,
Pa darle un trago de cana
Solía llamarlo el patrón.

39
Pues vivía la mamajuana
Siempre bajo la carreta,
Y aquel que no era chancleta,
En cuanto el goyete vía,
Sin miedo se le prendía
Como güerfano a la teta.

40
!Y qué jugadas se armaban
Cuando estábamos riunidos!
Siempre íbamos prevenidos,
Pues en tales ocasiones
A ayudarle a los piones
Caiban muchos comedidos.

41
Eran los días del apuro
Y alboroto pa el hembraje,
Pa preparar los potajes
Y osequiar bien a la gente,
Y así, pues, muy grandemente,
Pasaba siempre el gauchaje.

42
Vení,a la carne con cuero,
La sabrosa carbonada,
Mazamorra pien pisada,
Los pasteles y el güen vino...
Pero ha querido el destino
que todo aquello acabara.

43
Estaba el gaucho en su pago
Con toda siguridá,
Pero aura... !barbaridá!,
La cosa anda tan fruncida,
Que gasta el pobre la vida
En juir de la autoridá.

44
Pues si usté pisa en su rancho
Y si el alcalde lo sabe,

Lo caza lo mesmo que ave
Aunque su mujer aborte...
!No hay tiempo que no se acabe
Ni tiento que no se corte!.

45

Y al punto dése por muerto
Si el alcalde lo bolea,
Pues ahí nomas se le apea
Con una felpa de palos;
Y despues dicen que es malo
El gaucho si los pelea.

46

Y el lomo le hinchan a golpes,
Y le rompen la cabeza,
Y luego con ligereza,
Ansí lastimao y todo,
Lo amarran codo a codo
Y pa el cepo lo enderiezan.

47

Ahi comienzan sus desgracias,
Ahi principia el pericón,
Porque ya no hay salvación,
Y que usté quiera o no quiera,
Lo mandan a la frontera
O lo echan a un batallón.

48

Ansí empezaron mis males
Lo mesmo que los de tantos;
Si gustan... en otros cantos
Les diré lo que he sufrido:
Despues que uno está... perdido

No lo salvan ni los santos.

49

Tuve en mi pago en un tiempo
Hijos, hacienda y mujer,
Pero empecé a padecer,
Me echaron a la frontera,
!Y que iba a hallar al volver!
Tan solo allé la tapera.

50

Sosegao vivía en mi rancho
Como el pájaro en su nido,
Allí mis hijos queridos
Iban creciendo a mi lao...
Sólo queda al desgraciao
Lamentar el bien perdido.

51

Mi gala en las pulperías
Era, en habiendo mas gente,
ponerme medio caliente,
Pues cuando puntiao me encuentro
Me salen coplas de adentro
como agua de la virtiente.

52

Cantando estaba una vez
En una gran diversión,
Y aprovecho la ocasión
Como quiso el Juez de Paz...
Se presentó, y ahi nomás
Hizo arriada en montón.

53

Juyeron los más matreros
Y lograron escapar:
Yo no quise disparar,
Soy manso y no había porqué,
Muy tranquilo me quedé
Y ansi me dejé agarrar

54
Allí un gringo con un órgano
Y una mona que bailaba,
Haciéndonos rair estaba,
Cuanto le tocó el arreo,
!Tan grande el gringo y tan feo,
Lo viera cómo lloraba!.

55
Hasta un inglés zanjiador
Que decía en la última guerra
Que él era de Inca-la-perra
Y que no queria servir,
Tambien tuvo que juir
A guarecerse en la sierra.

56
Ni los mirones salvaron
De esa arriada de mi flor,
Fué acoyarao el cantor
Con el gringo de la mona,
A uno solo, por favor,
Logró salvar la patrona.

57
Formaron un contingente
Con los que del baile arriaron,
Con otros nos mesturaron,

Que habían agarrao también,
Las cosas que aquí se ven
Ni los diablos las pensaron.

58
A mí el Juez me tomó entre ojos
En la ultima votación:
Me le había hecho el remolón
Y no me arrimé ese día,
Y él dijo que yo servía
A los de la esposición.

59
Y ansí sufrí ese castigo
Tal vez por culpas ajenas,
Que sean malas o sean güenas
Las listas, siempre me escondo:
Yo soy un gaucho redondo
Y esas cosas no me enllenan.

60
Al mandarnos nos hicieron
Mas promesas que a un altar,
El Juez nos jué a proclamar
Y nos dijo muchas veces:
Muchachos, a los seis meses
Los van a ir a relevar.

61
Yo llevé un moro de número
!Sobresaliente el matucho!
Con él gané en Ayacucho
Mas plata que agua bendita:
Siempre el gaucho necesita
Un pingo pa fiarle un pucho.

62
Y cargué sin dar mas güeltas
Con las prendas que tenía:
Jergas, ponchos, todo cuanto había
En casa, tuito lo alcé:
A mi china la dejé
Medio desnuda ese día.

63
No me falta una guasca
-Esa ocasión eche el resto-,
Bozal,maniador, cabresto,
Lazo, bolas y manea...
!El que hoy tan pobre me vea
Tal vez no creerá todo esto!.

64
Ansí en mi moro, escarciando,
Enderecé a la frontera.
!Aparcero si uste viera
Lo que se llama cantón!...
Ni envidia tengo al ratón
En aquella ratonera.

65
De los pobres que allí había
A ninguno lo largaron,
Los más viejos rezongaron,
Pero a uno que se quejó
En seguida lo estaquiaron,
Y la cosa se acabó.

66
En la lista de la tarde

El jefe nos cantó el punto
diciendo: -Quinientos juntos
Llevará el que se resierte;
Lo haremos pitar del juerte,
Mas bien dése por dijunto-.

67
A naides le dieron armas,
Pues toditas las que había
El Coronel las tenía,
Sigun dijo esa ocasión,
Pa repartirlas el día
En que hubiera una invasión.

68
Al principio nos dejaron
De haraganes criando sebo,
Pero después... no me atrevo
A decir lo que pasaba...
!Barajo!... si nos trataban
Como se trata a malevos.

69
Porque todo era jugarle
Por los lomos con la espada,
Y aunque usté no hiciera nada,
Lo mesmito que en palermo,
Le daban cada cepiada
Que lo dejaban enfermo.

70
!Y que indios, ni que servicio;
Si allí no había ni cuartel!
Nos mandaba el Coronel
A trabajar en sus chacras,

Y dejábamos las vacas
que las llevara el infiel.

71
Yo primero sembré trigo
Y después hice un corral,
Corté adobe pa un tapial,
Hice un quincho, corté paja...
!La pucha que se trabaja
Sin que le larguen un rial!.

72
Y es lo pior de aquel enriedo
Que si uno anda hinchando el lomo
Se le apean como un plomo...
!Quién aguanta aquel infierno!
Si eso es servir al gobierno,
A mi no me gusta el cómo.

73
Más de un año nos tuvieron
En esos trabajos duros;
Y los indios, le asiguro
Dentraban cuando querían:
Como no los perseguían,
Siempre andaban sin apuro.

74
A veces decía al volver
Del campo la descubierta
Que estuvieramos alerta,
Que andaba adentro la indiada,
Porque había una rastrillada
O estaba una yegua muerta.

75
Recién entonces salía
La orden de hacer la riunión,
Y caibamos al cantón
En pelos y hasta enancaos,
Sin armas, cuatro pelaos
Que ibamos a hacer jabón.

76
Ahi empezaba el afán
-Se entiende, de puro vicio-
De enseñarle el ejercicio
A tanto gaucho recluta,
Con un estrutor... !que... bruta!
Que nunca sabía su oficio.

77
Daban entonces las armas
Pa defender los cantones,
Que eran lanzas y latones
Con ataduras de tiento...
Las de juego no las cuento
Porque no había municiones.

78
Y un sargento chamuscao
Me contó que las tenían
Pero que ellos la vendían
Para cazar avestruzes;
Y asi andaban noche y día
Déle bala a los ñanduses.

79
Y cuando se iban los indios
Con lo que habían manotiao,

salíamos muy apuraos
A perseguirlos de atrás;
Si no se llevaban más
Es porque no habían hallao.

80
Allí sí, se ven desgracias
Y lágrimas y afliciones;
Naides le pida perdones
Al indio: pues donde dentra,
Roba y mata cuanto encuentra
Y quema las poblaciones.

81
No salvan de su juror
Ni los pobres angelitos;
Viejos, mozos y chiquitos
Los mata del mesmo modo:
Que el indio lo arregla todo
con la lanza y con gritos.

82
Tiemblan las carnes al verlo
volando al viento la cerda,
La rienda en la mano izquierda
Y la lanza en la derecha;
ande enderieza habre brecha
Pues no hay lanzazo que pierda.

83
Hace trotiadas tremendas
Desde el fondo del desierto;
Ansí llega medio muerto
De hambre, de sé y de fatiga;
Pero el indio es una hormiga

Que día y noche esta despierto.

84
Sabe manejar las bolas
Como naides las maneja;
Cuanto el contrario se aleja,
Manda una bola perdida,
Y si lo alcanza, sin vida
Es siguro que lo deja.

85
Y el indio es como tortuga
De duro para espichar;
Si lo llega a destripar
Ni siquiera se le encoge;
luego sus tripas recoge,
Y se agacha a disparar.

86
Hacían el robo a su gusto
Y después se iban de arriba;
Se llevaban las cautivas,
Y nos contaban que a veces
Les descarnaban los pieces,
A las pobrecitas, vivas.

87
!Ah! !si partía el corazón
Ver tantos males, canejo!
Los perseguíamos de lejos
Sin poder ni galopiar;
!Y qué habíamos de alcanzar
En unos vichocos viejos!

88

Nos volvíamos al cantón
A las dos o tres jornadas,
Sembrando las caballadas;
Y pa que alguno la venda,
Rejuntábamos la hacienda
Que habían dejao rezagada.

89
Una vez entre otras muchas,
Tanto salir al botón,
Nos pegaron un malón
Los indios y una lanciada,
Que la gente acobardada
Quedó dende esa ocasión.

90
Habían estao escondidos
Aguaitando atrás de un cerro...
!Lo viera a su amigo Fierro
Aflojar como un blandito!
Salieron como maiz frito
En cuanto sonó un cencerro.

91
Al punto nos dispusimos
aunque ellos eran bastantes;
La formamos al instante
Nuestra gente, que era poca,
Y golpiándose en la boca
hicieron fila adelante.

92
Se vinieron en tropel
Haciendo temblar la tierra.
No soy manco pa la guerra

Pero tuve mi jabón,
Pues iba en un redomón
Que habia boleao en la sierra.

93
!Que vocerío! !Que barullo!
!que apurar esa carrera!
la indiada todita entera
dando alaridos cargó,
!Jue pucha!... y ya nos sacó
Como yeguada matrera.

94
!Que fletes traiban los bárbaros!
!Como una luz de ligeros!
Hicieron el entrevero
Y en aquella mezcolanza,
Este quiero, éste no quiero,
Nos escogían con la lanza.

95
Al que le daban un chuzazo,
Dificultoso es que sane.
En fin, para no echar panes,
Salimos por esas lomas,
lo mesmo que las palomas
Al juir de los gavilames.

96
!Es de almirar la destreza
Con que la lanza manejan!
De perseguir nunca dejan,
Y nos traiban apretaos.
!Si queríamos, de apuraos,
Salirnos por las orejas!

97
Y pa mejor de la fiesta
En esa aflición tan suma,
Vino un indio echando espuma,
Y con la lanza en la mano,
Gritando: -Acabáu critiano,
metáu el lanza hasta el pluma.-

98
Tendido en el costillar,
Cimbrando por sobre el brazo
Una lanza como un lazo,
Me atropelló dando gritos:
Si me descuido... el maldito
Me levanta de un lanzazo.

99
Si me atribulo o me encojo,
Siguro que no me escapo:
Siempre he sido medio guapo,
Pero en aquella ocasión
Me hacia buya el corazón
Como la garganta al sapo.

100
Dios le perdone al salvaje
Las ganas que me tenía...
Desaté las tres marías
Y lo engatusé a cabriolas...
!Pucha...! si no traigo bolas
Me achura el indio ese día.

101
Era el hijo de un cacique,

Sigun yo lo averigüé;
La verdá del caso jué
Que me tuvo apuradazo,
Hasta que por fin de un bolazo
Del caballo lo bajé.

102
Ahi no más me tiré al suelo
Y lo pisé en las paletas;
Empezó a hacer morisquetas
Y a mezquinar la garganta...
Pero yo hice la obra santa
De hacerlo estirar la jeta.

103
Allí quedó de mojón
Y en su caballo salté;
De la indiada disparé,
Pues si me alcanza me mata,
Y al fin me les escapé,
con el hilo de una pata.

IV

104
Seguiré esta relación,
Aunque pa chorizo es largo:
El que pueda hágase cargo
Como andaría de matrero,
Después de salvar el cuero
De aquel trance tan amargo.

105
Del sueldo nada les cuento,
Porque andaba disparando;

Nosotros de cuando en cuando
Solíamos ladrar de pobres:
Nunca llegaban los cobres
Que se estaban aguardando.

106
Y andábamos de mugrientos
Que el mirarnos daba horror;
Les juro que era un dolor
Ver esos hombres,!por cristo!
En mi perra vida he visto
Una miseria mayor.

107
Yo no tenía ni camisa
Ni cosa que se parezca;
Mis trapos solo pa yesca
Me podían servir al fin...
No hay plaga como un fortín
Para que el hombre padesca.

108
Poncho, jergas, el apero,
Las prenditas, los botones,
Todo, amigo, en los cantones
Jué quedando poco a poco;
Ya me tenían medio loco
La pobreza y los ratones.

109
Sólo una manta peluda
Era cuanto me quedaba
La había agenciao a la tabla
Y ella me tapaba el bulto;
Yaguané que alli ganaba

No salía... ni con indulto.

110
Y pa mejor hasta el moro
Se me jué de entre las manos;
No soy lerdo... pero, hermano,
Vino el Comendante un día
Diciendo que lo quería
-Pa enseñarle a comer grano.-

111
Afigúrese cualquiera
La suerte de este su amigo,
A pie y mostrando el umbligo,
Estropiao, pobre y desnudo;
Ni por castigo se pudo
Hacerse más mal conmigo.

112
Ansí pasaron los meses,
Y vino el año siguiente,
Y las cosas igualmente
Siguieron del mesmo modo:
Adrede parece todo
Pa atormentar a la gente.

113
No teníamos mas permiso,
Ni otro alivio la gauchada,
Que salir de madrugada,
Cuando no habia indio ninguno,
Campo ajuera a hacer boliadas
Desocando los reyunos.

114

Y cáibamos al cantón
Con los fletes aplastaos,
Pero a veces medio aviaos
Con plumas y algunos cueros,
Que pronto con el pulpero
Los teníamos negociaos.

115
Era un amigo del jefe
Que con un boliche estaba;
Yerba y tabaco nos daba
Por la pluma de avestruz,
Y hasta le hacía ver la luz
Al que un cuero le llevaba.

116
Solo tenía cuatro frascos
Y unas barricas vacías,
Y a la gente le vendía
Todo cuanto precisaba...
Algunos creiban que estaba
Allí la proveduría.

117
!Ah, pulpero habilidoso!
Nada le solia faltar.
!Ahijuna!, para tragar
Tenía un buche de ñandú;
La gente le dió en llamar
-El boliche de virtú.-

118
Aunque es justo que quien vende
Algún poquito muerda,
Tiraba tanto la cuerda

Que, con sus cuatro limetas
El cargaba las carretas
De plumas, cueros y cerda.

119
Nos tenía apuntaos a todos
Con más cuentas que un rosario,
Cuando se anunció un salario
Que iban a dar, o un socorro;
Pero sabe Dios qué zorro
Se lo comió al Comisario;

120
Pues nunca lo vi llegar,
Y al cabo de muchos días
En la mesma pulpería
Dieron una güena cuenta,
Que la gente muy contenta
De tan pobre recibia.

121
Sacaron unos sus prendas,
Que las tenían empeñadas;
Por sus deudas atrasadas
Dieron otros el dinero;
Al fin de fiesta el pulpero
Se quedó con la mascada.

122
Yo me arrescosté a un horcón
Dando tiempo a que pagaran,
Y poniendo güena cara
Estuve haciéndome el poyo,
A esperar que me llamaran
Para recibir mi boyo.

123
Pero ahi me puede quedar
Pegao pa siempre al horcón,
Ya era casi la oración
Y ninguno me llamaba;
La cosa se me ñublaba
Y me dentró comezón.

124
Pa sacarme el entripao
Vi al Mayor, y lo fí a hablar;
Yo me lo empecé a atracar,
Y como con poca gana
Le dije:--Tal vez mañana
Acabarán de pagar.-

125
-!Que mañana ni otro dia!-,
Al punto me contestó:
-La paga ya se acabó;
!Siempre has de ser animal!-
Me rai y le dije:-Yo...
No he recebido ni un rial.-

126
Se le pusieron los ojos
Que se le querían salir,
Y ahi no más volvió a decir
Comiéndome con la vista:
-Y que querés recibir
Si no has dentrao en la lista?-

127
-Esto sí que es amolar-,

Dije yo pa mis adentros;
-Van dos años que me encuentro
Y hasta aura he visto ni un grullo;
Dentro en todos los barullos
Pero en las listas no dentro.-

128
Vide el plaito mal parao
Y no quise aguardar más...
Es güeno vivir en paz
Con quien nos ha de mandar;
Y reculando pa atrás
Me le empecé a retirar.

129
Supo todo el Comendante
Y me llamó al otro día,
Diciéndome que quería
Aviriguar bien las cosas...
Que no era el tiempo de Rosas,
Que aura a naides se debía.

130
Llamó al cabo y al sargento
Y empezó la indagación:
Si había venido al cantón
En tal tiempo o en tal otro...
Y si había venido en potro,
En reyuno o redomón.

131
Y todo era alborotar
Al ñudo, y hacer papel;
Conocí que era pastel
Pa engordar con mi guayaca;

Más si voy al Coronel
Me hacen bramar en la estaca.

132
!Ah, hijos de una...! !la codicia
Ojala les ruempa el saco!
Ni un pedazo de tabaco
Le dan al pobre soldao,
Y lo tienen, de delgao,
Más ligero que un guanaco.

133
Pero qué iba a hacerles yo,
Charabón en el desierto;
Más bien me daba por muerto
Pa no verme más fundido:
Y me les hacía el dormido
Aunque soy medio despierto.

V

134
Yo andaba desesperao,
Aguardando una ocasión
Que los indios un malón
Nos dieran, y entre el estrago
Hacérmeles cimarrón
Y volverme pa mi pago.

135
Aquello no era servicio
Ni defender la frontera;
Aquello era ratonera
En que sólo gana el juerte:
Era jugar a la suerte

Con una taba culera.

136

Allí tuito va al revés;
Los milicos son los piones,
Y andan en las poblaciones
Emprestaos pa trabajar;
Los rejuntan pa peliar
Cundo entran indios ladrones.

137

Yo he visto en esa milonga
Muchos Jefes con estancia,
Y piones en abundancia,
Y majadas y rodeos;
He visto negocios feos
A pesar de mi inorancia.

138

Y colijo que no quieren
La barunda componer;
Para eso no ha de tener,
El Jefe que esté de estable,
Mas que su poncho y su sable,
Su caballo y su deber.

139

Ansina, pues, conociendo
Que aquel mal no tiene cura,
Que tal vez mi sepoltura
Si me quedo iba a encontrar,
Pensé mandarme mudar
Como cosa más sigura.

140

Y pa mejor, una noche
!Que estaquiada me pegaron!
Casi me descoyuntaron
Por motivo de una gresca:
!Ahijuna, si me estiraron
Lo mesmo que guasca fresca!

141
Jamás me puedo olvidar
Lo que esa vez me pasó;
Dentrando una noche yo
Al fortín, un enganchao,
Que estaba medio mamao,
Allí me desconoció.

142
Era un gringo tan bozal,
Que nada se le entendía,
!quién sabe de ande sería!
Tal vez no juera cristiano,
Pues lo único que decía
Es que era pa-po-litano.

143
Estaba de centinela
Y por causa del peludo
Verme más claro no pudo,
Y esa jué la culpa toda:
El bruto se asustó al ñudo
Y fí el pavo de la boda.

144
Cuando me vido acercar:
-Quien vivore...?- preguntó;
-Que viboras?-, dije yo.

-!Ha garto!-, me pegó el grito,
Y yo dije despacito:
-!Mas lagarto seras vos!-

145
Ahi no más, !Cristo me valga!,
Rastrillar el jusil siento:
Me agaché, y en el momento
El bruto me largó un chumbo;
Mamao, me tiró sin rumbo,
Que si no, no cuento el cuento.

146
Por de contao, con el tiro
Se alborotó el avispero;
Los Oficiales salieron
Y se empezo la junción;
Quedo en su puesto el nación,
Y yo fí al estaquiadero.

147
Entre cuatro bayonetas
Me tendieron en el suelo;
Vino el mayor medio en pedo
Y allí se puso a gritar:
-!Pícaro, te he de enseñar
Andar reclamando sueldos!-

148
De las manos y las patas
Me ataron cuatro cinchones;
Les aguanté los tirones
Sin que ni un !ay! se me oyera,
Y al gringo la noche entera
Lo harté con mis maldiciones.

149
Yo no sé porqué el gobierno
Nos manda aquí a la frontera
Gringada que ni siquiera
Se sabe atracar a un pingo.
!Si creerá al mandar un gringo
Que nos manda alguna fiera!

150
No hacen más que dar trabajo,
Pues no saben ni ensillar;
No sirven ni pa carniar:
Y yo he visto muchas veces
Que ni voltiadas las reses
Se les querían arrimar.

151
Y lo pasan sus mercedes
Lengüetiando pico a pico
Hasta que viene un milico
A servirles al asao...
Y eso sí, en lo delicaos,
Parecen hijos de rico.

152
Si hay calor, ya no son gente;
Si yela, todos tiritan;
Si usté no les da, no pitan
Por no gastar en tabaco,
Y cuando pescan un naco
Uno al otro se lo quitan.

153
Cuando llueve se acoquinan

Como perro que oye truenos.
!Que diablos!, sólo son güenos
Pa vivir entre maricas,
Y nunca se andan con chicas
Para alzar ponchos ajenos.

154
Pa vichar son como ciegos;
No hay ejemplo de que entiendan,
Ni hay uno solo que aprienda,
Al ver un bulto que cruza,
A saber si es avestruza,
O si es jinete, o hacienda.

155
Si salen a perseguir
Después de mucho aparato,
Tuitos se pelan al rato
Y va quedando el tendal:
Esto es como en un nidal
Echarle güevos a un gato.

156
Vamos dentrando recién
A la parte mas sentida,
Aunque es todita mi vida
De males una cadena:
A cada alma dolorida
Le gusta cantar sus penas.

157
Se empezó en aquel entonces
A rejuntar caballada,
Y riunir la milicada
Teniendola en el cantón,

Par una despedición
A sorprender a la indiada.

158
Nos anunciaban que iríamos
Sin carretas ni bagajes
A golpiar a los salvajes
En sus mesmas tolderías;
Que a la güelta pagarían
Licenciándolo al gauchaje;

159
Que en esta despedición
Tuviéramos la esperanza;
Que iba a venir sin tardanza,
Según el Jefe contó,
Un menistro o que se yo...
que le llamaban don Ganza;

160
Que iba a riunir el ejército
Y tuitos los batallones,
Y que traiba unos cañones
Con más rayas que un cotín;
!Pucha!... Las conversasiones
Por allá no tenian fín.

161
Pero esas trampas no enriedan
A los zorros de mi laya;
Que esa Ganza venga o vaya,
Poco le importa a un matrero.
Yo también deje las rayas...
En los libros del pulpero.

162
Nunca juí gaucho dormido;
Siempre pronto, siempre listo,
Yo soy un hombre, !que Cristo!,
Que nada me ha acobardao,
Y siempre salí parao
En los trances que me he visto.

163
Dende chiquito gané
La vida con mi trabajo,
Y aunque siempre estuve abajo
Y no sé lo que es subir
Tambien el mucho sufrir
Suele cansarnos, !barajo!

164
En medio de mi inorancia
Conozco que nada valgo:
Soy la liebre o soy el galgo
Asigún los tiempos andan;
Pero también los que mandan
Debieran cuidarnos algo.

165
Una noche que riunidos
Estaban en la carpeta
Empinando una limeta
El Jefe y el Juez de Paz,
Yo no quise aguardar más,
Y me hice humo en un sotreta.

166
Me parece el campo orégano
Dende que libre me veo;

Donde me lleva el deseo
Allí mis pasos dirijo,
Y hasta en las sombras de fijo
Que donde quiera rumbeo.

167
Entro y salgo del peligro
Sin que me espante el estrago,
No aflojo al primer amago
Ni jamás fí gaucho lerdo:
Soy pa rumbiar como el cerdo,
Y pronto caí a mi pago.

168
Volvía al cabo de tres años
De tanto sufrir al ñudo
Resertor, pobre y desnudo,
A procurar suerte nueva;
Y lo mesmo que el peludo
Enderecé pa mi cueva.

169
No hallé ni rastro del rancho:
!Solo estaba la tapera!
!Por cristo si aquello era
Pa enlutar el corazón!
!Yo juré en esa ocasión
Ser mas malo que una fiera!

170
!Quien no sentirá lo mesmo
Cuando ansí padece tanto!
Puedo asigurar que el llanto
Como una mujer largué:
!Ay, mi Dios: si me quedé

mas triste que Jueves Santo!

171
Sólo se oiban los aullidos
De un gato que se salvó;
El pobre se guareció
Cerca, en una vizcachera:
Venía como si supiera
Que estaba de güelta yo.

172
Al dirme dejé la hacienda
Que era todito mi haber;
Pronto debíamos volver,
Sigún el Juez prometía,
Y hasta entonces cuidaria
De los bienes, la mujer.
....

173
Después me contó un vecino
que el campo se lo pidieron;
La hacienda se la vendieron
Pa pagar arrendamientos,
Y que sé yó cuantos cuentos;
Pero todo lo fundieron,

174
Los pobrecitos muchachos,
Entre tantas afliciones,
se conchabaron de piones;
!Más que iban a trabajar,
Si eran como los pichones
sin acabar de emplumar!

175
Por ahi andarán sufriendo
De nuestra suerte el rigor:
Me han contao que el mayor
Nunca dejaba a su hermano;
Puede ser que algún cristiano
Los recoja por favor.

176
!Y la pobre mi mujer,
Dios sabe cuánto sufrió!
Me dicen que se voló
Con no sé qué gavilán:
Sin duda a buscar el pan
Que no podía darle yo.

177
No es raro que a uno le falte
Lo que a algún otro le sobre
Si no le quedó ni un cobre
Sino de hijos un enjambre.
Que más iba a hacer la pobre
Para no morirse de hambre?

178
!Tal vez no te vuelva a ver,
Prienda de mi corazón!
Dios te de su proteción
Ya que no me la dió a mí,
Y a mis hijos dende aquí
Les hecho mi bendición.

179
Como hijitos de la cuna

Andarán por ahi sin madre;
Ya se quedaron sin padre,
Y ansí la suerte los deja
Sin naides que los proteja
Y sin perro que les ladre.

180

Los pobrecitos tal vez
No tengan ande abrigarse,
Ni ramada ande ganarse,
Ni rincón ande meterse,
Ni camisa que ponerse,
Ni poncho con que taparse.

181

Tal vez los verán sufrir
Sin tenerles compasión;
Puede que alguna ocasión,
Aunque los vean tiritando,
Los echen de algún jogón
Pa que no estén estorbando.

182

Y al verse ansina espantaos
Como se espanta a los perros,
Irán los hijos de Fierro,
Con la cola entre las piernas,
A buscar almas mas tiernas
O esconderse en algún cerro.

183

Mas también en este juego
Voy a pedir mi bolada;
A naides le debo nada,
Ni pido cuartel ni doy:

Y ninguno dende hoy
Ha de llevarme en la armada.

184
Yo he sido manso primero,
Y seré gaucho matrero;
En mi triste circunstancia,
Aunque es mi mal tan projundo,
Nací y me he criado en estancia.
Pero ya conozco el mundo.

185
Ya les conozco sus mañas,
Le conozco sus cucañas;
Sé como hacen la partida,
La enriedan y la manejan;
Deshaceré la madeja
Aunque me cueste la vida.

186
Y aguante el que no se anime
A meterse en tanto engorro
O si no aprétese el gorro
Y para otra tierra emigre;
Pero yo ando como el tigre
Que le roban los cachorros.

187
Aunque muchos creen que el gaucho
Tiene alma de reyuno,
No se encontrará a ninguno
Que no le dueblen las penas;
Mas no debe aflojar uno
Mientras hay sangre en las venas.

VII

188
De carta de más me vía
Sin saber a donde dirme;
Mas dijeron que era vago
Y entraron a perseguirme.

189
Nunca se achican los males,
Van poco a poco creciendo,
Y ansina me vide pronto
Obligado a andar juyendo.

190
No tenía mujer ni rancho
Y a más, era resertor;
No tenía una prenda güena
Ni un peso en el tirador

191
A mis hijos infelices
Pensé volverlos a hallar,
Y andaba de un lao al otro
Sin tener ni que pitar.

192
Supe una vez por desgracia
Que habia un baile por allí,
Y medio desesperao
A ver la milonga fuí.

193
Riunidos al pericón
Tantos amigos hallé,

Que alegre de verme entre ellos
Esa noche me apedé.

194
Como nunca, en la ocasión
Por peliar me dió la tranca.
Y la emprendí con un negro
Que trujo una negra en ancas.

195
Al ver llegar la morena,
Que no hacía caso de naides,
Le dije con la mamúa:
-Va...ca...yendo gente al baile.-

196
La negra entendió la cosa
Y no tardó en contestarme,
Mirándome como a un perro:
-Mas vaca será su madre._

197
Y dentró al baile muy tiesa
Con más cola que una zorra,
Haciendo blanquiar los dientes
Lo mesmo que mazamorra.

198
-!Negra linda!-... dije yo.
-Me gusta... pa la carona-;
Y me puse a champurriar
Esta coplita fregona:

199
-A los blancos hizo Dios,

A los mulatos San Pedro,
A los negros hizo el diablo
Para tizón del infierno.-

200
Había estao juntando rabia
El moreno dende ajuera;
En lo escuro le brillaban
Los ojos como linterna.

201
Lo conocí retobao,
Me acerqué y le dije presto:
-Po...r...rudo que un hombre sea
Nunca se enoja por esto.-

202
Corcovió el de los tamangos
Y creyéndose muy fijo:
-!Mas porrudo seras vos,
Gaucho rotoso!-, me dijo.

203
Y ya se me vino al humo
Como a buscarme la hebra,
Y un golpe le acomodé
Con el porrón de ginebra.

204
Ahi nomás pegó el de hollín
Mas gruñidos que un chanchito,
Y pelando el envenao
Me atropelló dando gritos.

205

Pegué un brinco y abrí cancha
Diciéndoles: -Caballeros,
Dejen venir ese toro.
Solo nací... solo muero.-

206
El negro, después del golpe,
Se había el poncho refalao
Y dijo: -Vas a saber
Si es solo o acompañado.

207
Y mientras se arremangó,
Yo me saqué las espuelas,
Pues malicié que aquel tío
No era de arriar con las riendas.

208
No hay cosa como el peligro
Pa refrescar un mamao;
Hasta la vista se aclara
Por mucho que haiga chupao.

209
El negro me atropelló
Como a quererme comer;
Me hizo dos tiros seguidos
Y los dos le abarajé.

210
Yo tenía un facon con S,
Que era de lima de acero;
Le hice un tiro, lo quitó
Y vino ciego el moreno;

211
Y en el medio de las aspas
Un planazo le asenté,
Que lo largue culebriando
Lo mesmo que buscapié.

212
Le coloriaron las motas
Con la sangre de la herida,
Y volvió a venir jurioso
Como una tigra parida.

213
Y ya me hizo relumbrar
Por los ojos el chchillo,
Alcanzando con la punta
A cortarme en un carrillo.

214
Me hirvió la sangre en las venas
Y me le afirmé al moreno,
Dándole de punta y hacha
Pa dejar un diablo menos.

215
Por fin en una topada
En el cuchillo lo alcé,
Y como un saco de güesos
Contra un cerco lo largué.

216
Tiró unas cuantas patadas
Y ya cantó pal carnero:
Nunca me puedo olvidar
De la agonía de aquel negro.

217
En esto la negra vino
Con los ojos como ají
Y empezó la pobre allí
A bramar como una loba.
Yo quise darle una soba
A ver si la hacía callar,
Mas pude reflesionar
Que era malo en aquel punto,
Y por respeto al dijunto
No la quise castigar.

218
Limpié el facón en los pastos,
Desate mi redomón,
Monté despacio y salí
Al tranco pa el ca˜nadon.

219
Después supe que al finao
Ni siquiera lo velaron,
Y retobao en un cuero,
Sin rezarle lo enterraron.

220
Y dicen que dende entonces,
Cuando es la noche serena
Suele verse una luz mala
Como de alma que anda en pena.

221
Yo tengo intención a veces,
para que no pene tanto,
De sacar de allí los gũesos

Y echarlos al camposanto.

VIII

222

Otra vez en un boliche
estaba haciendo la tarde;
Cayó un gaucho que hacia alarde
De guapo y peliador;
A la llegada metió
El pingo hasta la ramada,
Y yó sin decirle nada
Me quedé en el mostrador.

223

Era un terne de aquel pago
Que naides lo reprendía,
que sus enriedos tenía
Con el señor comendante;
Y como era protegido,
Andaba muy entonao,
Y a cualquier desgraciao
Lo llevaba por delante.

224

!Ah pobre! si el mismo creiba
Que la vida le sobraba;
Ninguno diría que andaba
Aguaitandolo la muerte.
Pero ansí pasa en el mundo,
Es ansí la triste vida:
Pa todos esta escondida
La güena o la mala suerte.

225

Se tiró al suelo; al dentrar

Le dio un empellon a un vasco,
Y me alargó un medio frasco
Diciendo: -Beba cuñao.-
-Por su hermana-, contesté.
-Que por la mia no hay cuidao.-

226
-!Ah, gaucho!, me respondió;
-De que pago será crioyo?
Lo andará buscando el hoyo?
deberá tener gũen cuero?
Pero ande bala este toro
No bala ningún ternero.-

227
Y ya salimos trenzaos
Porque el hombre no era lerdo,
Mas como el tino no pierdo,
Y soy medio ligerón,
Le dejé mostrando el sebo
De un revez con el facón.

228
Y como con la justicia
No andaba bien por allí,
Cuanto pataliar lo ví,
Y el pulpero pegó el grito,
Ya pa el palenque salí
Como haciendome chiquito.

229
Monté y me encomendé a Dios,
Rumbiando para otro pago,
Que el gaucho que llaman vago
No puede tener querencia,

Y ansí de estrago en estrago
Vive llorando la ausencia.

230
El andaba siempre juyendo,
Siempre pobre y perseguido,
No tiene cueva ni nido
Como si juera maldito;
Porque el ser gaucho... !barajo!,
El ser gaucho es un delito.

231
Es como el patrio de posta;
Lo larga este, aquel lo toma,
Nunca se acaba la broma;
dende chico se parece
Al arbolito que crece
Desamparao en la loma.

232
Le echan la agua del bautismo
Aquel que nació en la selva;
-Busca madre que te envuelva-,
Le dice el flaire y lo larga.
Y dentra a cruzar el mundo
Como burro con la carga.

233
Y se cria viviendo al viento
Como oveja sin trasquila;
MIentras su padre en las filas
Anda sirviendo al gobierno,
Aunque tirite en invierno,
Naides lo ampara ni asila.

234
Le llaman -gaucho mamao-
Si lo pillan divertido,
Y que es mal entretenido
Si en un baile lo sorprienden;
Hace mal si se defiende
Y si nó, se ve... fundido.

235
No tiene hijos ni mujer,
Ni amigos ni protetores,
Pues todos son sus señores
Sin que ninguno lo ampare:
Tiene la suerte del güey,
Y donde irá el güey que no are?

236
Su casa es el pajonal,
Su guarida es el desierto;
Y si de hambre medio muerto
Le echa el lazo a algun mamóm,
Lo persiguen como a plaito,
Porque es un gaucho ladrón.

237
Y si de un golpe por ahi
Lo dan güelta panza arriba,
No hay un alma compasiva
Que le rece una oración;
Tal vez como cimarrón
En una cueva lo tiran.

238
El nada gana en la paz
Y es el primero en la guerra;

No le perdonan si yerra,
Que no saben perdonar,
Porque el gaucho en esta tierra
Solo sirve pa votar.

239
Para el son los calabozos,
Para el las duras prisiones,
En su boca no hay razones
Aunque la razon le sobre;
Que son campanas de palo
Las razones de los pobres.

240
Si uno aguanta, es gaucho bruto;
Si no aguanta es gaucho malo.
!Dele azote, dele palo,
Porque es lo que el necesita!
De todo el que nació gaucho
Esta es la suerte maldita.

241
Vamos suerte, vamos juntos
Dende que juntos nacimos;
Y ya que juntos vivimos
Sin podernos dividir...
Yo abriré con mi cuchillo
El camino pa seguir.

IX

242
Matreriando lo pasaba
Ya a las casas no venía;
Solía arrimarme de día,

Mas, lo mesmos que el carancho,
Siempre estaba sobre el rancho
Espiando a la polecía.

243

Viva el gaucho que ande mal,
Como zorro perseguido,
Hasta que al menor descuido
Se lo atarasquen los perros,
Pues nunca le falta un yerro
Al hombre mas alvertido.

244

Y en esa hora de la tarde
En que tuito se adormece,
Que el mundo dentrar parece
A vivir en pura calma,
Con las tristezas del alma
Al pajonal enderiece.

245

Bala el tierno corderito
Al lao de la blanca oveja,
Y a la vaca que se aleja
Llama el ternero amarrao;
Pero el gaucho desgraciao
No tiene a quien dar su oveja.

246

Ansí es que al venir la noche
Iba a buscar mi guarida,
Pues ande el tigre se anida
Tmbién el hombre lo pasa,
Y no quería que en las casas
Me rodiara la partida.

247
Pues aun cuando vengan ellos
Cumpliendo con su deberes,
Yo tengo otros pareceres,
Y en esa conduta vivo:
Que no debe un gaucho altivo
Peliar entre las mujeres.

248
Y al campo me iba solito,
Más matrero que el venao,
Como perro abandonao
A buscar una tapera,
O en alguna vizcachera
Pasar la noche tirao.

249
Sin punto ni rumbo fijo
En aquella inmensidá,
Entre tanta escuridá
Anda el gaucho como duende;
Alli jamás lo sorpriende
Dormido, la autoridá.

250
Su esperanza es el coraje,
Su guardia es la precaución,
Su pingo es la salvación,
Y pasa uno en su desvelo,
Sin más amparo que el cielo
Ni otro amigo que el facón.

....

251
Ansí me hallaba una noche
Contemplando las estrellas,
Que le parecen más bellas
Cuanto uno es más desgraciao,
Y que Dios las haiga criao
Para consolarse en ellas.

252
Les tiene el hombre cariño
Y siempre con alegría
Ve salir las Tres Marías;
Que si llueve, cuanto escampa,
Las estrellas son la guía
Que el gaucho tiene en la pampa.

253
Aqui no valen dotores,
S´olo vale la esperiencia;
Aquí verían su inocencia
Esos que todo lo saben,
Porque esto tiene otra llave
Y el gaucho tiene su cencia.

254
Es triste en medio del campo
Pasarse noches enteras
Contemplando en sus carreras
Las estrellas que Dios cría,
Sin tener mas compañía
Que su delito y las fieras.

255
Me encontraba como digo,
En aquella soledá,

Entre tanta escuridá,
Echando al viento mis quejas,
Cuando el grito del chajá
me hizo parar las orejas.

256
Como lunbriz me pegué
Al suelo para escuchar;
Pronto sentí retumbar
Las pisadas de los fletes,
Y que eran muchos jinetes
Conocí sin vacilar.

257
Cuando el hombre está en peligro
No debe tener confianza;
Ansí tendido de panza
Puse toda mi atención
Y ya escuche sin tardanza
Como el ruido de un latón.

258
Se venían tan calladitos
Que yo me puse en cuidao;
Tal vez me hubieran bombiao
Y ya me venían a buscar;
Mas no quise disparar,
Que eso es de gaucho morao.

259
Al punto me santigüé
Y eché de giñebra un taco;
Lo mesmito que el mataco
Me arroyé con el porrón;
-Si han de darme pa tabaco-,

Dije,-ésta es güena ocasión-.

260
Me refalé las espuelas,
Para no peliar con grillos;
Me arremangué el calzoncillo,
Y me ajusté bien la faja,
Y en una mata de paja
Probé el filo del cuchillo.

261
Para tenerlo a la mano
El flete en el pasto até,
La cincha le acomodé,
Y, en un trance como aquél,
Haciendo espaldas en él
Quietito los aguardé.

262
Cuando cerca los sentí,
Y que ahi no más se pararon,
Los pelos se me erizaron
Y,aunque nada vían mis ojos,
-No se han de morir de antojo-,
Les dije, cuando llegaron.

263
Yo quise hacerles saber
Que alli se hallaba un varón;
Les conocí la intención
Y solamente por eso
Es que les gané el tirón,
Sin aguardar voz de preso.

264

-Vos sos un gaucho matrero-
Dijo uno, haciéndose el güeno.
-Vos mataste un moreno
Y otro en una pulpería,
Y aquí está la polecía
Que viene a ajustar tus cuentas;
Te va alzar por las cuarenta
Si te resistís hoy día.

265
-No me vengan-, contesté,
-Con relación de dijuntos;
Esos son otros asuntos;
Vean si me pueden llevar,
Que yo no me he de entregar,
Aunque vengan todos juntos-.

266
Pero no aguardaron más
Y se apiaron en montón;
Como a perro cimarrón
Me rodiaron entre tantos;
Ya me encomendé a los Santos,
Y eche mano a mi facón.

267
Y ya vide el fogonazo
De un tiro de garabina,
Mas quiso la suerte indina
De aquel maula, que me errase,
Y ahi no más lo levantase
Lo mesmo que una sardina.

268
A otro que estaba apurao

Acomodando una bola,
Le hice una dentrada sola
Y le hice sentir el fierro,
Y ya salió como el perro
Cuando le pisan la cola.

269
Era tanta la afición
Y la angurria que venían,
Que tuitos se me venían,
Donde yo los esperaba;
Uno al otro se estorbaba
Y con las ganas no vían.

270
Dos de ellos que traiban sables
Mas garifos y resueltos,
En las hilachas envueltos
Enfrente se me pararon,
Y a un tiempo me atropellaron
Lo mesmo que perros sueltos.

271
Me fuí reculando en falso
Y el poncho adelante eché,
Y en cuanto le puso el pie
Uno medio chapetón,
De pronto le di un tirón
Y de espaldas lo largué

272
Al verse sin compañero
El otro se sofrenó;
Entonces le dentré yo,
Sin dejarlo resollar,

Pero ya empezó a aflojar
Y a la pu...n...ta disparó.

273
Uno que en una tacuara
Había atao una tijera,
Se vino como si juera
Palenque de atar terneros,
Pero en dos tiros certeros
Salió aullando campo ajuera.

274
Por suerte en aquel momento
Venía coloriando el alba
Y yo dije: -Si me salva
La Virgen en este apuro,
En adelante le juro
Ser más güeno que una malva-.

275
Pegué un brinco y entre todos
Sin miedo me entreveré;
Hecho ovillo me quedé
Y ya me cargo una yunta,
Y por el suelo la punta
De mi facón les jugué.

276
El más engolosinao
Se me apió con un hachazo;
Se lo quité con el brazo;
De no, me mata los piojos;
Y antes de uqe diera un paso
Le eché tierra en los dos ojos.

277
Y mientras se sacudiá
Refregándose la vista,
Yo me le fuí como lista
Y ahi no más me le afirmé,
Diciéndole: -Dios te asista-,
Y de un revés lo voltié.

278
Pero en ese punto mesmo
Sentí que por las costillas
Un sable me hacía cosquillas
Y la sangre me heló;
Dende ese momento yo
Me salí de mis casillas.

279
Di para atrás unos pasos
Hasta que pude hacer pie;
Por delante me lo eché
De punta y tajos a un criollo;
Metió la pata en un hoyo,
Y yo al hoyo lo mandé.

280
Tal vez en el corazón
Le tocó un Santo bendito
A un gaucho, que pegó el grito
Y dijo:-!Cruz no consiente
Que se cometa el delito
De matar a un valiente!-

281
Y ahi no más se me apario,
Dentrándole a la partida;

Yo les hice otra embestida
Pues entre dos era robo;
Y el Cruz era como lobo
Que defiende su guarida.

282
Uno despachó al infierno
De dos que lo atropellaron;
Los demás remoliniaron,
Pues íbamos a la fija,
Y a poco andar dispararon
Lo mesmo que sabandija.

283
Ahí quedaron largo a largo
Los que estiaron la jeta;
Otro iba como maleta,
Y Cruz de atrás les decia:
-Que venga otra polecia
A llevarlos en carreta-.

284
Yo junté las osamentas,
Me hinqué y les recé un Bendito,
Hice una cruz de un palito
Y pedí a mi Dios clemente
Me perdonara el delito
De haber muerto tanta gente.

285
Dejamos amotonaos
Alos pobres que murieron;
No sé si los recogieron,
Porque nos fuimos a un rancho,
O si tal vez los caranchos

Ahi no más se los comieron.

286
Lo agarramos mano a mano
Entre los dos al porrón:
En semejante ocasión
Un trago a cualquiera encanta;
Y Cruz no era remolón
Ni pijotiaba garganta.

287
Calentamos los gargueros
Y nos largamos muy tiesos,
Siguiendo siempre los besos
Al pichel, y por mas señas,
Ibamos como cigüeñas
Estirando los pescuezos.

288
-Yo me voy-, le dije,-amigo,
Donde la suerte me lleve,
Y si es que alguno se atreve,
A ponerse en mi camino,
Yo seguiré mi destino,
Que el hombre hace lo que debe.

289
-Soy un gaucho desgraciao,
No tengo donde ampararme,
Ni un palo donde rascarme,
Ni un árbol que me cubije:
Pero ni aun esto me aflige
Porque yo sé manejarme.

290

-Antes de cair al servicio,
Tenia familia y hacienda;
Cuando volví, ni la prenda
Me la habian dejao ya.
Dios sabe en lo que vendrá
A parar esta contienda.-

CRUZ

X

291

-Amigazo, pa sufrir
Han nacido los varones;
Estas son las ocasiones
De mostrarse un hombre juerte,
Hasta que venga la muerte
Y lo agarre a coscorrones.

292

El andar tan despilchao
Ningun mérito me quita;
Sin ser un alma bendita
Me duelo del mal ajeno:
Soy un pastel con relleno
Que parece torta frita.

293

Tampoco me faltan males
Y desgracias, le prevengo;
También mis desdichas tengo,
Aunque esto poco me aflige:
Yo se hacerme el chango rengo
Cuando la cosa lo esige.

294

Y con algunos ardiles

Voy viviendo, aunque rotoso;
A veces me hago el sarnoso
Y no tengo ni un granito,
Pero al chifle voy ganoso
Como panzón al maíz frito.

295
A mí no me matan penas
Mientras tenga el cuero sano;
Venga el sol en el verano
Y la escarcha en el invierno
Por qué afligirse el cristiano?

296
Hagámosle cara fiera
Alos males, compañero,
Porque el zorro más matrero
Suele cair como un chorlito;
Viene por un corderito
Y en la estaca deja el cuero.

297
Hoy tenemos que sufrir
Males que no tienen nombre,
Pero esto a nadies lo asombre
Porque ansina es el pastel,
Y tiene que dar el hombre
Mas güeltas que un carretel.

298
Yo nunca me he de entregar
A los brazos de la muerte;
Arrastro mi triste suerte
Paso a paso y como pueda,
Que donde el débil se queda

Se suele escapar el juerte.

299

Y ricuerde cada cual
Lo que cada cual sufrió,
Que lo que es, amigo, yo,
Hago ansí la cuenta mía:
Ya lo pasado pasó;
Mañana sera otro dia.

300

Yo también tuve una pilcha
Que me enllenó el corazón,
Y si en aquella ocasión
Alguien me hubiera buscao,
Siguro que me había hallao
Más prendido que un botón.

301

En la güeya del querer
No hay animal que se pierda...
Las mujeres no son lerdas,
Y todo gaucho es dotor
Si pa cantarle al amor
Tiene que templar las cuerdas.

302

!Quien es de una alma tan dura
Que no quiera una mujer!
Lo alivia en su padecer:
Si no sale calavera
Es la mejor compañera
Que el hombre puede tener.

303

Si es güena, no lo abandona
Cuando lo ve desgraciao,
Lo asiste con su cuidao,
Y con afán cariñoso,
Y usté tal vez ni un rebozo
Ni una pollera le ha dao.

304
!Grandemente lo pasaba
Con aquella prenda mía,
Viviendo con alegría
Como la mosca en la miel!
!Amigo, qué tiempo aquél!
!La pucha, que la quería!

305
Era la águila que a un árbol
Dende las nubes bajó;
Era mas linda que el alba
Cuando va rayando el sol;
Era la flor deliciosa
Que entre el trebolar creció.

306
Pero, amigo, el Comendante
Que mandaba la milicia,
Como que no desperdicia
Se fué refalando a casa;
Yo le conocí en la traza
Que el hombre traiba malicia.

307
El me daba voz de amigo,
Pero no le tenía fe;
Era el jefe, y ya se ve,

No podía competir yo;
En mi rancho se pegó
Lo mesmo que un saguaipé.

308
A poco andar, conocí
Que ya me había desbancao,
Y el siempre muy entonao,
Aunque sin darme ni un cobre,
Me tenía de lao a lao
Como encomienda de pobre.

309
A cada rato, de chasque
Me hacía dir a gran distancia;
Ya me mandaba a una estancia,
Ya al pueblo, ya a la frontera;
Pero él en la comendancia
No ponía los pies siquiera.

310
Es triste a no poder más
El hombre en su padecer,
Si no tiene una mujer
Que lo ampare y lo consuele:
Mas pa que otro se la pele
Lo mejor es no tener.

311
No me gusta que otro gallo
Le cacaree a mi gallina;
Yo andaba ya con la espina,
Hasta que en una ocasión
Lo pille junto al jogón
Abrazándome a la china.

312
Tenía el viejito una cara
De ternero mal lamido,
Y al verle tan atrevido
Le dije:-!Que le aproveche!...
Que había sido pa el amor
Como gaucho pa la leche.-

313
Peló la espalda y se vino
Como a quererme ensartar,
Pero yo sin tutubiar
Le volví al punto a decir:
-!Cuidado!, no te vas a per...tigo;
Poné cuarta pa salir.-

314
Un puntazo me largó,
Pero el cuerpo le saqué,
Y en cuanto se lo quité,
Para no matar un viejo,
Con cuidado, medio de lejos
Un palazo le asenté.

315
Y como nunca al que manda
Le falta algún adulón,
Uno que en esa ocasión
Se encontraba allí presente,
Vino apretando los dientes
Como perrito mamón.

316
Me hizo un tiro de revuélver

Que el hombre creyó siguro;
Era confiado y le juro
Que cerquita se arrimaba,
Pero, siempre en un apuro
Se desentumen mis tabas.

317
El me siguió menudiando
Mas sin poderme acertar,
Y yo, déle culebriar,
Hasta que al fin le dentré
Y ahi no más lo despaché
Sin dejarlo resollar.

318
Dentré a campiar en seguida
Al viejito enamorao...
El pobre se había ganao
En un noque de lejía.
!Quién sabe cómo estaría
Del susto que había llevao!

319
!Es zonzo el cristiano macho
Cuando el amor lo domina!
El la miraba a la indina,
Y una cosa tan jedionda
Sentí yo, que ni en la fonda
He visto tal jedentina

320
Y le dije:-Pa su agüela
Han de ser esas perdices.-
Yo me tapé las narices,
Y me salí esternudando,

Y el viejo quedó olfatiando
Como chico con lumbrices.

321
Cuando la mula recula,
Señal que quiere cociar,
Ansí se suele portar
Aunque ella lo disimula;
Recula como la mula
La mujer, para olvidar.

322
Alcé mis ponchos y mis prendas
Y me largué a padecer
Por culpa de una mujer
Que quiso engañar a dos;
Al rancho le dije adiós,
Para nunca más vover.

323
Las mujeres, dende entonces,
Conocí a todas en una;
Ya no he de probar fortuna
Con carta tan conocida:
Mujer y perra parida,
!No se me acerca ninguna!.

XI

324
A otros les brotan las coplas
Como agua de manantial;
Pues a mí me pasa igual;
Aunque las mías nada valen,
De la boca se me salen

Como ovejas de corral.

325
Que en puertiando la primera,
Ya la siguen los demás,
Y en montones las de atrás
Contra los palos se estrellan,
Y saltan y se atropellan
Sin que se corten jamás.

326
Y anunque yo por mi inorancia
Con gran trabajo me esplico,
Cuando llego a abrir el pico,
Tengaló por cosa cierta,
Sale un verso y en la puerta
Ya asoma el otro el hocico.

327
Y empresteme su atención;
Me oirá relatar las penas
De que traigo la alma llena;
Porque en toda circustancia,
Paga el gaucho su inorancia
Con la sangre de sus venas.

328
Despues de aquella desgracia
Me refugié en los pajales;
Anduve entre los cardales
Como bicho sin guarida;
Pero, amigo, es esa vida
Como vida de animales.

329

Y son tantas las miserias
En que me he salido ver,
Que con tanto padecer
Y sufrir tanta aflición,
Malicio que he de tener
Un callo en el corazón.

330
Ansí andaba como guacho
Cuando pasa el temporal;
Supe una vez por mi mal
De una milonga que había,
Y ya pa la pulpería
Enderece mi bagual.

331
Era la casa del baile
Un rancho de mala muerte,
Y se enllenó de tal suerte
Que andabamos a empujones:
Nunca faltan encontrones
Cuando un pobre se divierte.

332
Yo tenía unas medias botas
Con tamaños verdugones;
Me pusieron los talones
Con crestas como gallos:
¡Si viera mis afliciones
Pensando yo que eran callos!

333
Con gato y con fandanguillo
Había empezado el changango,
Y para ver el fandango

Me colé haciendomé bola,
Mas metió el diablo la cola,
Y todo se volvió pango.

334
Había sido el guitarrero
Un gaucho duro de boca:
Yo tengo paciencia poca
Pa aguantar cuando no debo;
A ninguno me le atrevo,
Pero me halla el que me toca.

335
A bailar un pericón
Con una moza salí,
Y cuanto me vido allí
Sin duda me conoció;
Y estas coplitas cantó
Como por rairse de mí:

336
-Las mujeres son todas
Como las mulas;
Yo no digo que todas,
Pero hay algunas
Que a las aves que vuelan
Les sacan plumas.

337
-Hay gauchos que presumen
De tener damas;
No digo que presumen,
Pero se alaban,
Y a lo mejor los dejan
Tocando tablas.-

338
Se secretiaron las hembras,
Y yo ya me encocoré;
Volié la anca y le grité:
-!Dejá de cantar... chicharra!-
Y de un tajo a la guitarra
Tuitas las cuerdas corté.

339
Al punto salió de adentro
Un gringo con un jusil;
Pero nunca he sido vil,
Poco el peligro me espanta;
Yo me refalé la manta
Y la eché sobre el candil.

340
Gané en seguida la puerta
Gritando:-!Nadies me ataje!-
Y alborotado el hembraje,
Lo que todo quedo escuro,
Empezo a verse en apuro
Mesturao con el gauchaje.

341
El primero que salió
Fué el cantor, y se me vino;
Pero yo no pierdo el tino
Aunque haiga tomao un trago,
Y hay algunos por mi pago
Que me tienen por ladino.

342
No ha de haber achocao otro:

Le salió cara la broma;
A su amigo cuando toma
Se le despeja el sentido,
Y el pobrecito habia sido
Como carne de paloma.

343
Para prestar un socorro
Las mujeres no son lerdas:
SAntes que la sangre pierda
Lo arrimaron a unas pipas;
Ahi lo dejé con las tripas
Como pa que hiciera cuerdas.

344
Monté y me largé a los campos
Mas libre que el pensamiento,
Como las nubes al viento
A vivir sin paradero,
Que no tiene el que es matrero
Nido, ni rancho, ni asiento.

345
No hay juerza contra el destino
Que le ha señalao el Cielo,
Y aunque no tenga consuelo,
!Aguante el que está en trabajo!
!Nadies se rasca pa abajo,
Ni se lonjea contra el pelo!

346
Con el gaucho desgraciao
No hay uno que no se entone
!La menor falta lo espone
A andar con los avestruces

Faltan otros con más luces
Y siempre hay quien los perdone.

XII

347

Yo no sé qué tantos meses
Esta vida me duró;
A veces nos obligó
La miseria a comer potro:
Me había acompañao con otros
Tan desgraciaos como yo

348

Mas ?para qué platicar
Sobre esos males, canejos ?
Nace el gaucho y se hace viejo,
Sin que mejore su suerte,
Hasta que por ahi la muerte
Sale a cobrarle el pellejo

349

Pero como no hay desgracia
Que no acabe alguna vez,
Me aconteció que después
De sufrir tanto rigor,
Un amigo, por favor,
Me compuso con el Juez.

350

Le alvertiré que en mi pago
Ya no va quedando un criollo:
Se los ha tragao el hoyo,
O juido o muerto en la guerra;
Porque, amigo, en esta tierra
Nunca se acaba el embrollo.

351
Colijo que jué por eso
Que me llamó el Juez un día,
Y me dijo que quería
Hacerme a su lao venir,
Y que dentrase a servir
De soldao de polecía.

352
Y me largó una proclama
Tratandome de valiente;
Que yo era un hombre decente,
Y que dende aquel momento
Me nombraba de sargento
Pa que mandara la gente.

353
Ansí estuve en la partida,
Pero ?qué había de mandar?
Anoche al irlo a tomar
Vide güena coyontura,
Y a mí no me gusta andar
Con la lata a la cintura.

....

354
Ya conoce, pues, quién soy;
Tenga confianza conmigo:
Cruz le dio mano de amigo,
Y no lo ha de abandonar;
Juntos podemos buscar
Pa los dos un mesmo abrigo.

355

Andaremos de matreros
Si es preciso pa salvar;
Nunca nos ha de faltar
Ni un güen pingo pa juir,
Ni un pajal ande dormir,
Ni un matambre que ensartar.

356
Y cuando sin trapo alguno
Nos haiga el tiempo dejao,
Yo le pediré emprestao
El cuero a cualquiera lobo,
Y hago un poncho, si lo sobo,
Mejor que poncho engomao.

357
Para mí la cola es pecho
Y el espinazo es cadera
Hago mi nido ande quiera
Y de lo que encuentro como;
Me echo tierra sobre el lomo
Y me apeo en cualquier tranquera.

358
Y dejo rodar la bola,
Que algún día se ha de parar...
Tiene el gaucho que aguantar
Hasta que lo trague el hoyo,
O hasta que venga algún criollo
En esta tierra a mandar.

359
Lo miran al pobre gaucho
Como carne de cogote:
Lo tratan al estricote

Y si ansí las cosas andan,
Porque quieren los que mandan,
Aguantemos los azotes.

360
!Pucha! si usté los oyera,
Como yo en una ocasión
Tuita la conversación
Que con otro tuvo el Juez;
Le asiguro que esa vez
Se me achicó el corazon.

361
Hablaban de hacerse ricos
Con campos en la fronteras,
De sacarla más ajuera,
Donde habia campos baldidos
Y llevar de los partidos
Gente que la defendiera.

362
Todos se güelven proyetos
De colonias y carriles,
Y tirar la plata a miles
En los gringos enganchaos,
Mientras al pobre soldao
Le pelan la cucha... !ah, viles!

363
Pero si siguen las cosas
Como van hasta el presente,
Puede ser que redepente
Veamos el campo disierto,
Y blanquiando solamente
Los güesos de los que han muerto.

364
Hace mucho que sufrimos
La suerte reculativa
Trabaja el gaucho y no arriba
Porque a lo mejor del caso,
Lo levantan de un sogazo
Sin dejarle ni saliva.

365
De los males que sufrimos
Hablan mucho los puebleros,
Pero hacen como los teros
Para esconder sus niditos:
En un lao pegan los gritos
Y en otro tienen los güevos.

366
Y se hacen los que no aciertan
A dar con la coyontura:
Mientras al gaucho lo apura
Con rigor la autoridá,
Ellos a la enfermedá
Le están errando la cura.

XIII
MARTIN FIERRO
367
-Ya veo que somos los dos
Astillas del mesmo palo:
Yo paso por gaucho malo
Y usté anda del mesmo modo;
Y yo, pa acabarlo todo,
A los indios me refalo.

368
Pido perdón a mi Dios
Que tantos bienes me hizo,
Pero dende que es preciso
Que viva entre los infeles,
Yo seré cruel con los crueles:
Ansi mi suerte lo quiso.

369
Dios formó lindas las flores,
Delicadas como son;
Le dió toda perfeción
Y cuanto él era capaz,
Pero al hombre le dió más
Cuando le dio el corazón.

370
Le dió claridá a la luz,
Juerza en su carrera al viento,
Le dió vida y moviumiento
Dende la águila al gusano;
Pero más le dio al cristiano
Al darle el entendimiento.

371
Y aunque a las aves les dió,
Con otras cosas que inoro,
Esos piquitos como oro
Y un plumaje como tabla
Le dió al hombre mas tesoro
Al darle una lengua que habla.

372
Y dende que dio a las fieras
Esa juria tan inmensa,

Que no hay poder que las venza
Ni nada que las asombre,
?Que menos le daría al hombre
Que el valor pa su defensa?.

373
Pero tantos bienes juntos
Al darle, malicio yo
Que en sus adentros pensó
Que el hombre los precisaba
Que los bienes igualaba
Con las penas que le dió.

374
Y yo empujao por las mías
Quiero salir de este infierno:
Ya no soy pichón muy tierno
Y sé manejar la lanza,
Y hasta los indios no alcanza
La facultá de Gobierno

375
Yo sé que allá los caciques
Amparan a los cristianos,
Y que los tratan de
Cuando se van por su gusto.
!A qué andar pasando sustos...!
Alcemos el poncho y vamos.

376
En la cruzada hay peligros,
Pero ni aun esto me aterra:
Yo ruedo sobre la tierra
Arrastrao por mi destino;
Y si erramos el camino...

No es el primero que lo erra.

377
Si hemos de salvar o no,
de esto naides nos responde;
Derecho ande el sol se esconde
Tierra adentro hay que tirar;
Algun día hemos de llegar...
Despues sabremos a dónde.

378
No hemos de perder el rumbo:
Los dos somos güena yunta.
El que es gaucho ve ande apunta
Aunque inora ande se encuentra;
Pa el lao en que el sol se dentra
Dueblan los pastos la punta.

379
De hambre no pereceremos,
Pues, sigún otros me han dicho,
En los campos se hallan bichos
De los que uno necesita...
Gamas, matacos, mulitas
Avestruces y quirquinchos.

380
Cuando se anda en el desierto
Se come uno hasta las colas;
Lo han cruzao mujeres solas
Llegando al fin con salú,
Y ha de ser gaucho el ñandú
Que se escape de mis bolas.

381

Tampoco a la sé le temo;
Yo la aguanto muy contento;
Busco agua olfatiando el viento
Y, dende que no soy manco,
Ande hay duraznillo blanco
Cavo, y la saco al momento.

382
Allá habrá siguridá
Ya que aquí no la tenemos;
Menos males pasaremos
Y ha de haber grande alegría
El día que nos descolguemos
En alguna toldería.

383
Fabricaremos un toldo,
Como lo hacen tantos otros,
Con unos cueros de potro,
Que sea sala y sea cocina.
!Tal vez no falte una china
Que se apiade de nosotros!

384
Allá no hay que trabajar,
Vive uno como un señor;
De cuando en cuando un malón,
Y si de él sale con vida,
Lo pasa echao panza arriba
Mirando dar güelta el sol.

385
Y ya que a juerza de golpes
La suerte nos dejó a flus
Puede que allá veamos luz

Y se acaben nuestras penas:
Todas las tierras son güenas;
Vamosnós, amigo Cruz.

386

El que maneja las bolas,
El que sabe echar un pial
Y sentarsele a un bagual
Sin miedo de que lo baje,
Entre los mesmos salvajes
No puede pasarlo mal.

387

El amor como la guerra
Lo hace el criollo con canciones;
A mas de eso en los malones
Podemos aviarnos de algo;
En fin amigo, yo salgo
De estas pelegrinaciones.-

388

En este punto el cantor
Buscó un porrón pa consuelo,
Echó un trago como un cielo,
Dando fin a su argumento;
Y de un golpe el instrumento
Lo hizo astillas contra el suelo.

389

-Ruempo -dijo-, la guitarra,
Pa no volverme a tentar;
Ninguno la ha de tocar,
Por siguro tengaló;
Pues naides ha de cantar
Cuando este gaucho cantó.-

390
Y daré fin a mis coplas
Con aire de relación;
Nunca falta un preguntón
Más curioso que mujer,
Y tal vez quiera saber
Como jué la conclusión.

391
Cruz y Fierro de una estancia
Una tropilla se arriaron;
Por delante se la echaron
Como criollos entendidos,
Y pronto sin ser sentidos
Por la frontera cruzaron.

392
Y cuando la habían pasao,
Una madrugada clara
Le dijo Cruz que mirara
Las últimas poblaciones,
Y a Fierro dos lagrimones
Le rodaron por la cara.

393
Y siguendo el fiel del rumbo
Se entraron en el desierto,
No sé si los habrán muerto
En alguna correría,
Pero espero que algun día
Sabré de ellos algo cierto.

394
Y ya con estas noticias

Mi relacion acabé;
Por ser ciertas las conté,
Todas la desgracias dichas:
Es un telar de desdichas
Cada gaucho que usté ve.

395

Pero ponga su esperanza
En el dios que lo formó;
Y aquí me despido yo
Que he relatao a mi modo
Males que conocen todos,
Pero que naides contó.

FIN

Made in the USA
Monee, IL
23 November 2021